Vorwort

Es wird langsam immer wärmer, die ersten
Sonnenstrahlen lassen sich sehen. Die Lust auf ein
erfrischendes Eis steigt.
Wer jetzt noch denkt, mit Low Carb geht das nicht, der
liegt absolut falsch!

Ich freue mich darüber, Ihnen einige leckere und
erfrischende Eisrezepte übermitteln zu dürfen.

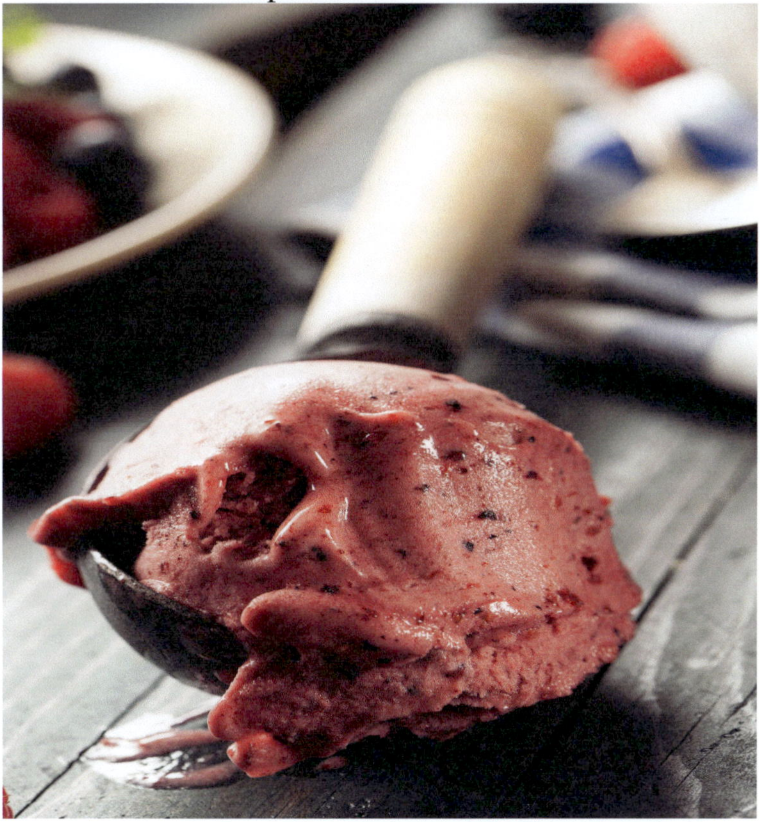

Inhaltsangabe

Cremiges Schokoladen Eis

Zutaten:
50 g Kakaopulver zum Backen
50 g gemahlene Mandeln
3 Eigelbe
Süßstoff
500 g Sahne

Zubereitung:
Etwa 3 Teelöffel Süßstoff mit dem Eigelb schlagen. Die
Sahne in eine Schüssel geben und steif schlagen. Nun die
übrigen Zutaten und die Eigelbmasse hinzugeben und
nochmals zu einer homogenen Masse verrühren.
Eventuell nochmals nachsüßen. In eine Eismaschine
geben, bis das Eis gefroren ist.

Ceylon Tee Eis

Zutaten
200 g starker Ceylon Tee
Süßstoff
400 g Sahne
3 Eigelbe
Saft einer Zitrone

Zubereitung
Tee, Eigelbe, Zitronensaft, Süßstoff nach Geschmack in
eine Schüssel geben und kurz aufschlagen. Die Sahne in
eine andere Schüssel geben und steif schlagen. Mit den
übrigen Zutaten vermengen und in die Eismaschine
füllen.

Himbeere Mascarpone Eis

Zutaten:
200 g Himbeeren
3 Eigelbe
Süßstoff
500 g Mascarpone

Zubereitung:
Etwa 3 Teelöffel Süßstoff mit dem Eigelb schlagen. Nun
die übrigen Zutaten hinzugeben und vermischen.
Eventuell nochmals etwas nachsüßen. In eine
Eismaschine geben, bis das Eis gefroren ist.

Blaubeere Eis

Zutaten:
200 g Blaubeeren
3 Eigelbe
Süßstoff
500 g Sahne

Zubereitung:
Etwa 3 Teelöffel Süßstoff mit dem Eigelb schlagen. Die
Sahne steif schlagen. Nun die übrigen Zutaten
hinzugeben und vermischen. Eventuell nochmals etwas
nachsüßen. In eine Eismaschine geben, bis das Eis
gefroren ist.

Zitronen Pfefferminz Eis

Zutaten:
Saft einer Zitrone
1 EL abgeriebene Zitronenschale
100 g Pfefferminztee, stark
3 Eigelbe
Süßstoff
500 g Sahne

Zubereitung:
Etwa 3 Teelöffel Süßstoff mit dem Eigelb schlagen. Die
Sahne steif schlagen. Nun die übrigen Zutaten
hinzugeben und vermischen. Eventuell nochmals etwas
nachsüßen. In eine Eismaschine geben, bis das Eis
gefroren ist.

Cremiges Pistazien Eis

Zutaten:
200 g Pistazien,
gehackt, in 1 TL ÖL
in der Pfanne kurz
anrösten und abkühlen
lassen
3 Eigelbe
Süßstoff
500 g Sahne

Zubereitung:
Etwa 3 Teelöffel Süßstoff mit dem Eigelb schlagen. Die
Sahne steif schlagen. Nun die übrigen Zutaten
hinzugeben und vermischen. Eventuell nochmals etwas
nachsüßen. In eine Eismaschine geben, bis das Eis
gefroren ist.

Rotwein Verführung

Zutaten:
100 g Rotwein
Saft einer Zitrone
1 TL Orangenschale
50 g gemahlene Mandeln
3 Eigelbe
Süßstoff
500 g Sahne

Zubereitung:
Etwa 3 Teelöffel Süßstoff mit dem Eigelb schlagen. Die Sahne steif schlagen. Nun die übrigen Zutaten hinzugeben und vermischen. Eventuell nochmals etwas nachsüßen. In eine Eismaschine geben, bis das Eis gefroren ist.

Softes Erdbeer Eis

Zutaten:
200 g Erdbeeren, zerkleinert
3 Eigelbe
3 Eiweiße, steif geschlagen
Süßstoff
500 g Sahne

Zubereitung:
Etwa 3 Teelöffel Süßstoff mit dem Eigelb schlagen. Die
Sahne steif schlagen. Nun die übrigen Zutaten
hinzugeben und vermischen. Eventuell nochmals etwas
nachsüßen. In eine Eismaschine geben, bis das Eis
gefroren ist.

Kokos Limetten Eis

Zutaten:
100 g Kokosraspeln
50 g Kokosraspeln, gemahlen
Saft einer Limette
3 Eigelbe
Süßstoff
500 g Sahne

Zubereitung:
Etwa 3 Teelöffel Süßstoff mit dem Eigelb schlagen. Die
Sahne steif schlagen. Nun die übrigen Zutaten
hinzugeben und vermischen. Eventuell nochmals etwas
nachsüßen. In eine Eismaschine geben, bis das Eis
gefroren ist.

Schoko Minze Eis

Zutaten:
100 g starker
Pfefferminztee
100 g Schokolade 85 %, gehackt
3 Eigelbe
Süßstoff
500 g Sahne

Zubereitung:
Etwa 3 Teelöffel Süßstoff mit dem Eigelb schlagen. Die Sahne steif schlagen. Nun die übrigen Zutaten hinzugeben und vermischen. Eventuell nochmals etwas nachsüßen. In eine Eismaschine geben, bis das Eis gefroren ist. Guten Appetit!

Mandeleis

Zutaten:
200 g Mandeln, gemahlen
50 g Mandeln,
gehackt, in 1 TL ÖL
in der Pfanne kurz
anrösten und abkühlen
lassen
1 Prise Salz
3 Eigelbe
Süßstoff
500 g Sahne

Zubereitung:
Etwa 3 Teelöffel Süßstoff mit dem Eigelb schlagen. Die
Sahne steif schlagen. Nun die übrigen Zutaten
hinzugeben und vermischen. Eventuell nochmals etwas
nachsüßen. In eine Eismaschine geben, bis das Eis
gefroren ist.

Melonen Eis

Zutaten:
150 g Melone, püriert
1 EL Zitronensaft
3 Eigelbe
Süßstoff
500 g Sahne

Zubereitung:
Etwa 3 Teelöffel Süßstoff mit dem Eigelb schlagen. Die
Sahne steif schlagen. Nun die übrigen Zutaten
hinzugeben und vermischen. Eventuell nochmals etwas
nachsüßen. In eine Eismaschine geben, bis das Eis
gefroren ist.

Kühle Vanille Verführung

Zutaten:
Mark einer Vanille Schote
30 g gemahlene Mandeln
3 Eigelbe
Süßstoff
500 g Sahne

Zubereitung:
Etwa 3 Teelöffel Süßstoff mit dem Eigelb schlagen. Die Sahne steif schlagen. Nun die übrigen Zutaten hinzugeben und vermischen. Eventuell nochmals etwas nachsüßen. In eine Eismaschine geben, bis das Eis gefroren ist.

Chai Tee Sahne Eis

Zutaten:
100 g Chai Tee, stark
3 Eigelbe
Süßstoff
500 g Sahne

Zubereitung:
Etwa 3 Teelöffel Süßstoff mit dem Eigelb schlagen. Die Sahne steif schlagen. Nun die übrigen Zutaten hinzugeben und vermischen. Eventuell nochmals etwas nachsüßen. In eine Eismaschine geben, bis das Eis gefroren ist.

Affenbrot Eis

Zutaten:
1 Banane, fein zerdrückt
2 EL Backkakao
3 Eigelbe
Süßstoff
500 g Sahne

Zubereitung:
Etwa 3 Teelöffel Süßstoff mit dem Eigelb schlagen. Die
Sahne steif schlagen. Nun die übrigen Zutaten
hinzugeben und vermischen. Eventuell nochmals etwas
nachsüßen. In eine Eismaschine geben, bis das Eis
gefroren ist.

Gebrannte Mandeln Eis

Zutaten:
100 g Mandeln
in 1 EL Öl in der Pfanne
anbraten, mit Zimt bestäuben
und abkühlen lassen.
Dann die Mandeln klein hacken
100 g Mandeln, gemahlen
3 Eigelbe
Süßstoff
500 g Sahne

Zubereitung:
Etwa 3 Teelöffel Süßstoff mit dem Eigelb schlagen. Die
Sahne steif schlagen. Nun die übrigen Zutaten
hinzugeben und vermischen. Eventuell nochmals etwas
nachsüßen. In eine Eismaschine geben, bis das Eis
gefroren ist.

Himbeer Buttermilch Eis

Zutaten:
200 g Himbeeren, zerkleinert
3 Eigelbe
Süßstoff
300 g Sahne
200 g Buttermilch

Zubereitung:
Etwa 3 Teelöffel Süßstoff mit dem Eigelb schlagen. Die
Sahne steif schlagen. Nun die übrigen Zutaten
hinzugeben und vermischen. Eventuell nochmals etwas
nachsüßen. In eine Eismaschine geben, bis das Eis
gefroren ist.

Leckeres Kaffee Eis

Zutaten:
2 EL löslicher Kaffee
Mark einer Vanille Schote
3 Eigelbe
Süßstoff
500 g Sahne

Zubereitung:
Etwa 3 Teelöffel Süßstoff mit dem Eigelb schlagen. Die Sahne steif schlagen. Nun die übrigen Zutaten hinzugeben und vermischen. Eventuell nochmals etwas nachsüßen. In eine Eismaschine geben, bis das Eis gefroren ist.

Brombeere Joghurt Eis

Zutaten:
200 g Brombeeren, zerkleinert
200 g Naturjoghurt
3 Eigelbe
Süßstoff
300 g Sahne

Zubereitung:
Etwa 3 Teelöffel Süßstoff mit dem Eigelb schlagen. Die Sahne steif schlagen. Nun die übrigen Zutaten hinzugeben und vermischen. Eventuell nochmals etwas nachsüßen. In eine Eismaschine geben, bis das Eis gefroren ist.

Würziges Zimt Eis

Zutaten:
½ TL Zimt
50 g Walnüsse, gemahlen
Mark einer Vanille Schote
3 Eigelbe
Süßstoff
500 g Sahne

Zubereitung:
Etwa 3 Teelöffel Süßstoff mit dem Eigelb schlagen. Die Sahne steif schlagen. Nun die übrigen Zutaten hinzugeben und vermischen. Eventuell nochmals etwas nachsüßen. In eine Eismaschine geben, bis das Eis gefroren ist.

Sahniges Erdbeer Eis

Zutaten:
200 g Erdbeeren, zerkleinert
200 g Naturjoghurt
3 Eigelbe
Süßstoff
300 g Sahne

Zubereitung:
Etwa 3 Teelöffel Süßstoff mit dem Eigelb schlagen. Die
Sahne steif schlagen. Nun die übrigen Zutaten
hinzugeben und vermischen. Eventuell nochmals etwas
nachsüßen. In eine Eismaschine geben, bis das Eis
gefroren ist.

Mandelmilch Eis

Zutaten:
100 g Mandeln, gemahlen
Mark einer Vanilleschote
1 EL Kokosöl
3 Eigelbe
Süßstoff
500 g Mandelmilch

Zubereitung:
Etwa 3 Teelöffel Süßstoff mit dem Eigelb schlagen. Die
Sahne steif schlagen. Nun die übrigen Zutaten
hinzugeben und vermischen. Eventuell nochmals etwas
nachsüßen. In eine Eismaschine geben, bis das Eis
gefroren ist.

Kokos Eis

Zutaten:
100 g Kokosraspeln
50 g Kokosraspeln, gemahlen
3 Eigelbe
Süßstoff
500 g Sahne

Zubereitung:
Etwa 3 Teelöffel Süßstoff mit dem Eigelb schlagen. Die
Sahne steif schlagen. Nun die übrigen Zutaten
hinzugeben und vermischen. Eventuell nochmals etwas
nachsüßen. In eine Eismaschine geben, bis das Eis
gefroren ist.

Walnuss Eis

Zutaten:
100 g Walnüsse, gemahlen
100 g Walnüsse, gehackt
3 Eigelbe
Süßstoff
500 g Sahne

Zubereitung:
Etwa 3 Teelöffel Süßstoff mit dem Eigelb schlagen. Die Sahne steif schlagen. Nun die übrigen Zutaten hinzugeben und vermischen. Eventuell nochmals etwas nachsüßen. In eine Eismaschine geben, bis das Eis gefroren ist.

Nachtrag zum Impressum / Coyright

Shutterstock.com
- Brent Hofacker
- Kogotkova
- Pustinnikova
- Avs
- Ewell
- Zidar
- Phoenix
- Perl 7

Herstellung und Verlag:
BoD - Books on Demand, Norderstedt
ISBN 978-3-7347-4275-0